ONZE NOITES EM JERUSALÉM

Pedro Paixão

ONZE NOITES EM JERUSALÉM
e dez poemas de Moshe Benarroch

GRYPHUS

Edição apoiada pelo
Instituto Português do Livro e das Bibliotecas

© *Copyright*
Pedro Paixão

Coordenação Editorial
Gisela Zingoni e Ana Montenegro

Editoração Eletrônica
Rejane Megale Figueiredo

Revisão
Maria Helena da Silva

Capa
Ouriço Arquitetura e Design

CIP-Brasil. Catalogação-na-fonte.
Sindicato Nacional dos Editores de Livros, RJ.

P172o

    Paixão, Pedro, 1956-
        Onze noites em Jerusalém : e, Dez poemas de Moshe Benarroch / Pedro Paixão. - Rio de Janeiro : Gryphus; Lisboa, Portugal : Instituto Português do Livro e das Bibliotecas, 2004
        . - (Coleção Identidades - Nossa língua é maior que o Brasil ; v. 2)

    ISBN 85-7510-076-9

    1. Ficção portuguesa. I. Ben Harosh, Mosheh II. Instituto Português do Livro e das Bibliotecas. III. Título. IV. Série.

04-0658.   CDD 869.1
                     CDU 821.134.3-1

15.03.04   18.03.04   005835

Edição apoiada pelo Instituto Português do Livro e das Bibliotecas

Os direitos autorais da fotografia deste livro são reservados e garantidos para a

GRYPHUS
Um selo da Companhia Editora Forense
Av. Erasmo Braga, 299 - 7º andar - 20020-000 - Rio de Janeiro - RJ
Tel.: (0XX21) 2533-5537 - Fax: (0XX21) 2533-4752
www.gryphus.com.br - *e-mail*: gryphus@gryphus.com.br

Índice

Introdução	01
Lisboa-Amesterdão-Jerusalém	13
Jerusalém, El Kuds, a cidade sagrada	19
Graves problemas de família	25
A culpa é de quem a apanhar	31
Enquanto houver crianças	39
Shabat em Jerusalém	45
Maomé vem todos os dias	53
Um túmulo vazio	59
A linha verde	67
Dez Poemas de Moshe Benarroch	75
Mãe	77
A guerra civil	78
Maria	80
Cantamos os nossos mortos	82
O mundo	83

Japoneses	84
A gente desta cidade	85
O terrorista do Hamass	86
Os poetas	88
Cavalos	89

*Para
Leonor Ganiguer
e
David Sebastianelli*

> Ter opiniões é não pensar.
> FERNANDO PESSOA

A Sarah e eu deixávamos ficar o carro a uma distância razoável e íamos a pé até à sinagoga de Lisboa, ali ao Largo do Rato. Era o que muitos de nós, que frequentávamos aquele lugar de culto, fazíamos, já que para obedecer às estritas regras do Shabat não devíamos andar de carro. Acontecia vermos outros fazer o mesmo e desviávamos o olhar, fazendo de conta que nada tínhamos visto. Eu amava a minha primeira mulher e deixava-me fascinar por aqueles estranhos costumes que me diziam alguma coisa de muito fundo que eu não sabia bem interpretar nem compreender. Depois separámo-nos, a Sarah e eu, mas aquela experiência de uma vida religiosa tão diferente, para quem tinha sido como eu educado na igreja católica, deixou uma marca de que não só não mais me esquecerei, mas que continua a acompanhar-me como parte de mim.

Mas não foi por acaso que casei em primeiras núpcias com uma judia. Era uma coisa que, como se diz, tinha mesmo de acontecer. O meu encontro – ou embate – com o judaísmo era anterior e o casamento um momento importante do que julgava ser um destino que me pertencia e me enchia de sentido.

Foi na Alemanha, enquanto estudante de filosofia em Heidelberg, que me deparei pela primeira vez com um problema de identidade que se resumia à questão: ser ou não ser judeu. Foi aí, primeiro com espanto e depois com resignação e por que não vaidade, que fui reconhecido por várias vezes e nas mais surpreendentes ocasiões como judeu: num anfiteatro, num concerto, numa esplanada de um café, no meio da rua. O que se passava era uma repetição do mesmo: alguém, que era judeu, vinha ter comigo e perguntava-me se eu não seria, por acaso, judeu. A pergunta era, em todos os casos, retórica, já que as pessoas que assim me interpelavam estavam – e ficavam – convencidos de eu ser judeu, qualquer que fosse a minha reacção ou resposta. A princípio ainda tentei negar, depois aceitei o que me parecia inevitável. Lembro-me de perguntar uma vez o porquê daquela identificação e de me responderem, "nada que se possa concretamente dizer ser isto ou aquilo, nada de objectivo, mas um judeu reconhece sempre um judeu". Com os anos, também eu passei a pensar que era mesmo assim e fiz apostas que ganhava sucessivamente.

Quando vim a Lisboa, numa visita de férias, confrontei a minha mãe. Esperava que ela negasse em absoluto e com firmeza tal coisa. Limitava-se a ficar em silêncio e depois, quando eu voltava a insistir, não dizia nem que sim nem que não, nem sequer que talvez, e mudava simplesmente de assunto. É um facto que os nomes paterno e materno da minha mãe são considerados nomes de judeus conversos e a região de onde vêm na Beira é lugar de algumas tradições judaicas que perduram há séculos e séculos, miraculosamente. Também é verdade que tanto a minha mãe como a minha irmã possuem nítidos traços fisionómicos semitas e, mais importante ainda, a minha mãe mostrou muitas vezes na vida um carácter que se pode classificar como "tipicamente judeu": o querer passar sempre despercebida, não pretendendo em nada evidenciar-se nem gostando que os seus filhos o fizessem; uma enorme tenacidade; e uma importância fora de comum dada à educação, por ser a única coisa que um indivíduo pode transportar consigo de um lugar para o outro e de que não pode ser despojado.

O que é certo é que a partir de certa altura comecei a passear-me pela rua principal de Heidelberg, onde habitava um quarto com janela para um pátio interior, com uma metálica e pequena estrela de David ao peito, o que me enchia de sentimentos contraditórios: orgulho e vergonha, coragem e raiva. Comecei também a estudar um pouco essa tradição e civilização milenar, a mais antiga que perdura na história, e a dar-me com alguns poucos amigos que também eram judeus, em particular um, oriundo da Roménia, que estudava matemática e produzia os comentários mais desconcertantes. Depois de um concerto de piano dizia-me, por exemplo, que o pedal esquerdo não tinha trabalhado suficientemente bem; ao ver um quadro de uma paisagem comentava que o tom de amarelo lhe parecia ligeiramente exagerado; frente a um jogo de xadrez criticava a forma dos cavalos e responsabilizava-os por uma possível desvantagem das pretas. Era o meu amigo Maxime de quem, faz muitos anos, nada sei. Mas o mais importante de tudo era eu ter ganho uma sensação de pertença: pertença a um povo, a uma história, a um destino. Eu queria ser um judeu, talvez unicamente por julgar não ser, nem poder vir a ser, mais nada.

Assim, ao casar com uma judia esse destino parecia completar-se e eu vivia feliz. Para além de amar a minha mulher, era muito bem recebido pela pequena comunidade askanaze de Lisboa, na qual eram quase todos primos uns dos outros. A tragédia da minha separação veio quebrar violentamente esse sonho ou ilusão por muito tempo, tempo que dediquei com afinco ao estudo da filosofia e a sucessivas confusões sentimentais.

A presença do judaísmo voltou anos mais tarde, de uma outra maneira que perdura até hoje, tendo modificado por completo a minha vida. Aos trinta e seis anos, por insistência de uma amiga que apreciava o que eu escrevia e lhe lia e estava convencida de que também o apreciariam, sem qualquer esperança nem sequer vontade de me tornar escritor, publiquei um primeiro livro – aliás com algum sucesso, para grande espanto meu e de muita gente – a que se foram seguindo outros, o mal entendido de um exigindo o mal entendido do seguinte. O primeiro livro chamava-se, obviamente, "A Noiva Judia", por ironia o meu único livro a ser até agora por completo traduzido e logo, é claro, para hebraico. Mas eu não sou supersticioso, ou tento pelo menos combater essa inclinação que todos trazemos em nós.

Visitei Israel pela primeira vez com a mãe do meu filho, uma visita de que nem ela nem eu devemos guardar boas recordações, dada a incompatibilidade de feitios que sempre nos uniu e nos separou. Regressei a Jerusalém oito anos mais tarde para a festa de lançamento da tal tradução em hebraico, tradução da qual continuo a não saber decifrar uma só palavra. Desta vez acompanhou-me a Leonor que, enquanto eu sofria com a tensão intensa que sentia, passeava pelo bairro árabe da Velha Cidade de Jerusalém fazendo pequenas compras como se nada se passasse. E de facto nada se passou.

O relativo sucesso do meu primeiro livro – que se deve em parte ao título que roubei a um quadro de

Rembrandt que está em Amsterdão, embora nada nele tenha a ver com judeus – fez-me escrever outro e depois outro sucessivamente. Eu não sabia o que me estava a acontecer e quando o soube já era demasiado tarde. Tinham-me já, porque eu me tinha a mim próprio a isso exposto, classificado como escritor, coisa que por vezes me agrada, mas a maior parte do tempo desprezo por julgar tratar-se do tal enorme mal entendido sobre o qual não tenho controlo e já não vou a tempo de conseguir desfazer. Claro que há coisas muito piores, e devo agradecer a Deus, o que também muitas vezes faço. Escrever transformou-me, mudou o sentido da minha vida, colocou-me novos problemas, alguns dos quais irresolúveis mas com os quais, com a idade, me vou habituando a viver. O que é certo é que sem judaísmo eu não seria escritor.

Dizer que os judeus gostam de escrever e de ler é dizer pouco, não fossem eles em primeiro lugar o povo do Livro. Desta última vez que estive em Jerusalém e fiz mais uma vez a pergunta fatal que não fazia há muito, se era judeu, o meu interlocutor respondeu de imediato, "não haja dúvidas sobre isso". Que reparasse melhor nos comportamentos da minha mãe, investigasse as recordações dela sobre a sua mãe e avó: se não acendiam por exemplo velas na véspera de Shabat, como se sentavam à mesa e outros detalhes comprometedores.

Segundo uma tradição antiga, é judeu simplesmente quem se sente judeu e é verdade que por vezes me sinto judeu. Que quero eu dizer com isso? É demasiado difícil de responder. É no fundo – e peço já desculpa de assim me exprimir – qualquer coisa de inefável, um mistério. Mas também há indícios mais "racionais": não houve livro que escrevesse em que não houvesse pelo menos uma história com personagens judias; o Holocausto é o acontecimento histórico que de longe mais me perturba, mais me fascina e me deixa perto da loucura; os acontecimentos na Palestina, vivo-os com uma intensidade não de quem está de fora, mas como se fosse uma parte visada, lá tivesse gente próxima de família, de um lado e do outro, obrigado a fazer qualquer coisa, nem que não seja escrever. Talvez porque um sentimento de culpa me invade do qual nem a origem conheço mas que tenho de combater. Como se me sentisse responsável.

Os terríveis acontecimentos no Médio Oriente e a situação desesperada e sem solução possível à vista fizeram com que eu voltasse mais uma vez àquela cidade sagrada. Parecia-me obsceno olhar diariamente aquelas imagens nos telejornais e diários e nada fazer, por mínimo que fosse, nem que não fosse ir lá e arriscar também, com uma probabilidade mínima mas real, a minha vida. Não ir, sentia-o como uma traição ao que tinha marcado e moldado de modo tão forte e decisivo o meu coração. Uma boa amiga disse-me que há um provérbio hebraico que diz, tal como em português de Trás os Montes, "Ai de mim se não for eu". Interpretei-o à minha maneira.

Quis ir em Dezembro, sobretudo porque gostava do título geral para o que escreveria: "Natal em Jerusalém". Porém, a estratégia que empreguei falhou por completo. Disse com antecedência a várias pessoas e amigos que partiria naquela época, com a intenção de depois já não poder recuar, ter de qualquer modo de vencer o meu medo, que sempre na vida me fez companhia e me faz seguir em frente. Só que os meus amigos ripostaram violentamente: disseram-me e escreveram-me que eu era um obsessivo, um imprudente, um irresponsável. A família contribuiu com a sua parte – com a excepção da Leonor que me compreende para além de tudo e de todos – para o cancelamento da viagem. Entrei de imediato em depressão, depois de meses focado a preparar-me afincadamente com leituras e releituras das mais variadas. No intervalo dos semestres letivos, que também inclui o dia nefasto que marca, todos os anos, mais um ano da minha vida, resolvi partir sem avisar ninguém com antecedência, salvo, claro, a Leonor. O resto da minha família soube-o de véspera. Aos meus amigos nada disse. E deu resultado.

O que achei curioso foi, passados alguns dias em Jerusalém, ter enviado uma mensagem electrónica a várias pessoas com o primeiro texto que lá escrevi.

Não houve respostas e, depois, algumas que me pareciam estranhas, irónicas. Vim a descobrir que assim foi porque a maioria julgou que eu tinha, da minha casa em Santo António do Estoril, escrito um texto ficcionado em que relatava a minha sonhada ida a Jerusalém. Talvez seja isso ser-se escritor, o que eu nunca quis ser, e agora é tarde demais para corrigir. As pessoas são em geral muito melhores e muito piores do que julgamos.

Fiz bem em não partir no Natal. Depois de ter estado em Nova Iorque após o ataque de 11 de setembro e ter escrito textos que coligidos formaram um pequeno livro "A Cidade Depois" editado mais uma vez pela Cotovia, sentia-me num estado de guerra sem de facto saber muito bem definir contra quem. Combater, de qualquer modo, traz pelo menos uma aparência de sentido. No Natal fui para Estocolmo e a estada no país do meu venerado Ingmar Bergman permitiu que criasse uma distância que fez despontar em mim uma paz. Porventura por me ter feito afastar dos sempre inúteis problemas políticos e históricos, que não são de desprezar, senão para quem não é como eu nem político, nem historiador, nem sequer jornalista, e portanto não me dizem de facto respeito, nem para eles tenho opinião ou solução adequadas. O que me diz respeito é o que me está próximo, do que eu gosto é do detalhe da vida, do pormenor surpreendente e tantas vezes ilógico da vida, do que eu quero falar é do que não falam os livros de história, o que eu faço é pobre e simplesmente, no melhor dos casos, literatura, que nunca serviu para salvar nada nem ninguém, nem sequer ajudando quem quer que fosse a sair do labirinto. A literatura põe mais problemas do que aqueles que resolve, é uma indústria de perguntas para as quais não há resposta, reflecte simplesmente, nos melhores casos, o enigma que somos.

Os textos que se seguem, e foram sendo publicados on-line em bikini.pt, clix.pt e publico.pt, o que muito agradeço, se algum objectivo conseguirem alcançar é este: dizerem que os problemas em causa são ainda muito mais complexos do que podem parecer, que qualquer opinião pode facilmente tornar-se ridícula, que julgar que se tem uma solução é não ver as outras soluções racionalmente tão justificáveis como a primeira. Não sei se consegui, e gosto de saber que não sei se consegui. Pretendi falar segundo uma verdade que não é qualquer coisa que se deixa fixar por palavras numa posição, mas sim algo que se expõe e se retira para voltar a surgir sobre uma outra face, tal como a vida. Esta posição, em que se procura combater a solução mais fácil, a de tomar partido, também pode ser interpretada como ingenuidade, ou pior, falta de integridade, e em qualquer dos casos pode dificultar a leitura dos textos, confundindo o leitor, quando o que ele gostava seria, "uma solução para...". Mas esse, felizmente, não é o meu leitor.

Quem só encontrar sete erros no que escrevi é porque sabe muito menos do que eu. E eu sei muito pouco, quase nada. Não é falsa modéstia, é antes o orgulho da condição de quem pretende continuar à procura de quem é.

22 de fevereiro de 2002

N.B. Os textos que iam sendo escritos em Jerusalém eram enviados por correio electrónico para Nova Iorque, onde Paula Duque Magalhães, bióloga e literata, os corrigia e melhorava, mandando-mos de regresso para Jerusalém com uma eficácia inexcedível. Para além da beleza simbólica desta "ponte aérea", existe a ajuda real e a minha gratidão.

Lisboa-Amsterdão-Jerusalém

A El Al, a companhia de aviação israelita cujo nome significa "em direcção ao alto", deixou de voar a partir de Lisboa. Saí pontualmente da Portela às 7 e 45 para chegar ao aeroporto de Amsterdão às 11 e 15, hora local. O voo para Tel Aviv estava marcado para às 14 e 10. O bom aspecto do aeroporto de Amsterdão – edifício e habitantes – pôs em dúvida as minhas previsões catastróficas sobre o futuro da Europa. Aproveitei para beber um sumo de laranja enquanto carregava o computador portátil e dirigi-me com larga antecedência para a porta G 10, a última de um longo corredor. Eu sabia o que me esperava.

Em comparação, a segurança das outras companhias aéreas encontra-se na baixa idade média. O questionário, ou interrogatório, a que fui sujeito por um rapaz alto e despachado demorou 55 minutos. Entre as perguntas, cujo objectivo único, julgo perceber, era tentar apanhar-me a mentir, mostrei a edição em hebraico de um dos meus livros que foi cuidadosamente apreciada, abri o computador para poder facultar as mensagens electrónicas que recebera de Israel, assim como documentos que estudara para esta visita (tive a honra de lhe mostrar a "Declaração do Estabelecimento do Estado de Israel", que julgo tê-lo impressionado, talvez porque nunca a tivesse visto) e mostrei mais uma vez o meu passaporte que ele levou para examinar de costas num canto junto a um grosso caderno que eu vira sobre a mesa e que tinha na capa as letras CIA. O momento mais empolgante foi quando, sem vir a propósito, me perguntou de rajada qual era o nome da minha primeira mulher (logo no início da nossa conversa, eu tinha achado por bem confessar-lhe que tinha casado em primeiras núpcias com uma judia). Felizmente ainda me lembrava perfeitamente do nome dela e disse-lho de imediato. Uma pequena hesitação teria sido fatal, senti. Acabou por me dizer que o que gostaria de fazer era o que eu fazia – escrever – só não entendi se o disse a sério ou por ironia. Tudo isto não foi mais do que o procedimento normal, pelo menos para cidadãos não israelitas, em prol da segurança de uma companhia que nunca teve um avião desviado. (Desde sempre que as duas outras medidas de segurança são o cockpit fechado e dois ou três jovens que se passeiam por todos os céus com metralhadoras dentro de sacos desportivos, os "boys").

Antes de entrar no Boeing mais pequeno de que me lembro de ver na minha vida, a pasta que levava comigo foi ainda inspeccionada de uma forma que desconhecia. O que me pareceu ser uma pequena esponja, foi passada por todos os cantos da pasta e por toda a superfície do meu precioso laptop. A esponja era regularmente colocada sobre um aparelho e depois voltava ao trabalho. Perguntei à rapariga se podia saber do que se tratava e ela respondeu-me simpaticamente que servia para recolher qualquer "traço de poeira de um explosivo plástico". O serviço a bordo foi verdadeiramente excelente. A meu lado ia sentada uma senhora cujo marido só esteve acordado para tomar a saborosa refeição que vinha acompanhada de um certificado Kosher, assinado pelo Rabino Moshe Nahshoni, quanto à proveniência e tratamento dos produtos e ingredientes da refeição, assim como quanto à benção Hamotsie sobre o pão que comíamos. O pequeno avião ia a abarrotar. A partir de certa altura entabulei conversa com a senhora que não falava hebraico com as hospedeiras mas me parecia claramente judia. Vim a saber que, de facto, era judia (embora o dorminhoco marido a seu lado o não fosse, o que não tinha qualquer importância porque os seus dois filhos, por ela o ser, eram também judeus, confessou-me com um largo sorriso nos lábios como se ambos soubéssemos do que estávamos a falar), que pertencia a uma família holandesa com cerca de 400 anos que tinha conseguido escapar ao holocausto por milagre (repetiu-o duas vezes) e que não havia tristemente qualquer possibilidade de paz com os árabes pela simples razão de, infelizmente, não se poder confiar num árabe. A partir de certa altura comecei a ficar sensivelmente irritado com a senhora. Mas talvez não fosse com a senhora, nem com o que ela dizia, mas sim com a falta de espaço naquele avião minúsculo repleto da gente mais diversa a falar uma língua que me parecia árabe.

O senhor que me levou de táxi do aeroporto Ben-Gurion ao meu hotel em Jerusalém chegara da Rússia há seis anos com a mulher e três filhos pequenos. Quando lhe perguntei se tinha saudades da neve, disse-me que muitas, mas que não se arrependia de ter vindo por causa da educação dos filhos. O único problema era o terrorismo. "Há terrorismo na sua terra?" perguntou-me, e eu disse-lhe que não, embora não tenha ficado certo de ele ter compreendido qual era, ou onde ficava, a minha terra.

Subi ao meu quarto, tomei um duche e saí de imediato. A princípio julguei que fosse só a necessidade de desentorpecer as pernas, mas depois apercebi-me de que os meus passos levavam um propósito bem determinado. A primeira coisa que eu queria fazer em Jerusalém era ir de imediato ao local do último atentado e era o que estava a fazer, andando depressa como se tivesse urgência em lá chegar. Foi fácil de encontrar. Um rés-do-chão de um edifício na rua Ben-

Yehuda, já perto da rua Jaffa, totalmente esvaziado, cercado por traves de madeira. Não creio que fosse curiosidade minha. Nem solidariedade de qualquer espécie. Creio que foi só o motivo egoísta de combater o meu medo. Depois comi uma shuarma e bebi uma cerveja, sozinho num local ali perto. Pensei naquela tremenda violência. Tanto o que as autoridades israelitas chamam "bombas suicidas" como o que os palestinianos chamam "explosões sagradas" (o Corão proíbe expressamente o suicídio) indiciam o grau de desumanidade a que se chegou: nas duas designações, o mais importante, a pessoa, encontra-se ausente. Existem dezenas, certamente centenas, talvez milhares de jovens palestinianos desejosos de se tornarem mártires. Quem os prepara e os envia selecciona-os cuidadosamente. O escolhido é acompanhado por um "director espiritual" que confirma e consolida a sua decisão. As bombas que transporta são artesanais: umas barras de explosivo envoltas em pedaços de metal e pregos. No dia do ataque passa por várias mesquitas para rezar. Leva um pequeno Corão atado junto ao coração. Está convicto de que vai cometer um acto religioso que o transportará de imediato para o paraíso, de onde poderá depois chamar para junto de si os que mais ama. Não são pessoas que vai matar, porque nunca é possível matar uma pessoa. Vai eliminar inimigos que lhes roubam a vida, a ele e aos seus irmãos. Depois terá um festivo enterro simbólico e a família receberá alguns milhares de dólares da organização que o enviou. Os verdadeiros criminosos ficam por detrás.

Mahmoud al-Zahar, médico cirurgião especialista em doenças da tiróide, professor na universidade de Gaza e um dos líderes do Movimento de Resistência Islâmica, mais conhecido por Hamass, confrontado com o lado mais horrível de todo o horror que são estes ataques – as crianças mortas – respondeu que essas crianças quando chegassem à idade de dezoito anos seriam incorporadas no exército israelita e, portanto, são já potencialmente inimigos militares. Não podemos esquecer o sangue das nossas crianças, nós trabalhamos para a purificação do mundo que só o Islão pode permitir, acrescentou ao repórter.

São quase onze da noite e as ruas estão vazias e escuras e tristes em Jerusalém.

Jerusalém, El Kuds, a cidade sagrada

> Em Babilónia, sobre os rios, quando
> De ti, Sião sagrada, nos lembramos,
> Ali com grã saudade nos sentamos
> O bem perdido, míseros, chorando.
>
> CAMÕES

Cheguei ontem a Jerusalém. Pela terceira vez, cheguei a Jerusalém. Mais consciente do que nunca de que aqui as palavras são traiçoeiras, os juízos incertos, os erros inúmeros. Que é muito difícil de encontrar razão nisto tudo, porque muito do que aqui se passa está aquém e além da razão. São símbolos, mitos, crenças, muitas coisas que julgáramos para sempre apagadas, inúteis, mortas, e aqui mostram, talvez como em parte alguma, como estão vivas e que sem elas pouco somos. Aqui voltamos a confrontarmo-nos com problemas insolúveis, com mistérios. Mas há certas coisas que se podem saber.

Poucas cidades terão tido como Jerusalém uma vida tão longa, tão conturbada e violenta. Vem escrito no primeiro livro da Bíblia que Abraão – o patriarca e primeiro fundador do Judaísmo, do Cristianismo e do Islão

– depois de ter chegado, por ordem de Deus, à terra de Canaan, visitou uma cidade de nome Salem habitada por um povo, os Jebusitas. Abraão chegou aqui por volta de 1500 AC. A dita cidade só foi conquistada 500 anos mais tarde por Davi, filho do primeiro rei do povo hebraico, Saul. Foi David que escolheu Jerusalém para capital do reino, uma decisão sábia porque, não pertencendo a nenhuma das tribos hebraicas, não feria a susceptibilidade de nenhuma. Salomão, filho de David, constrói o primeiro templo. Logo depois a unidade do reino é desfeita: ao norte dez tribos formam o reino de Israel, ao sul duas tribos formam o reino da Judeia mantendo Jerusalém como capital.

Sião, de que fala Camões nos célebres versos, é o nome de um dos montes vizinhos a Jerusalém e o nome poético que, muitas vezes, lhe é dado. Camões fala de um tempo em que o reino da Judeia foi conquistado, o templo destruído, e os judeus levados como escravos para Babilónia (o reino do Norte, Israel, já tinha sido destruído e os seus habitantes – das dez tribos perdidas de Israel – dispersos séculos antes pelos Assírios). Quando lhes foi permitido regressar, alguns regressam e constroem, sobre o primeiro, um segundo templo mais modesto que é completado em 516 AC. Alexandre da Macedónia, que pretendia ser mais grego do que os gregos, apodera-se de toda a região em 333 AC. Em 63 AC Pompeu entra na cidade inaugurando o período de domínio romano que só termina com a conversão de Constantino ao cristianismo e a consequente transformação da cidade num centro cristão bizantino. Entretanto, a cidade e o povo judeu sofrem o maior trauma da sua história (provavelmente só comparável ao Holocausto do século XX): devido a revoltas de judeus, os romanos destroem em 70 da nossa era o segundo templo, o que completam cinquenta anos depois ao arrasar a cidade. Por ordem do imperador Adriano, uma nova cidade é erguida com o nome Aelia Capitolina – cujo traçado é o da cidade velha de Jerusalém de hoje – onde os judeus são proibidos de entrar. A região também muda de nome: passa de Judeia para Palestina (de Filistina, uma região mais a Sul habitada por um povo inimigo dos judeus). Os nomes, talvez mais aqui do que em qualquer lado, são mais do que nomes.

Quando, em 638, a cidade cai pela primeira vez sob domínio muçulmano, Omar, o segundo califa, ainda a designa como Aelia, apesar de nos séculos cristãos ter voltado a chamar-se Jerusalém. Com a excepção maior de, no século XII, ter sido a capital do Reino Latino de Jerusalém, fundado e mantido pelos cruzados europeus que matam todos os judeus e árabes que nela habitam, mantém-se até 1918 sob domínio muçulmano, primeiro árabe, depois mameluco e, a partir de 1518, otomano turco. As tropas inglesas, combatendo os otomanos, aliados dos alemães na primeira grande guerra, entram pela porta de Jaffa em 1918. O mandato inglês sobre a Palestina, atribuído pela Liga das Nações, começa em

1922 e termina no dia 14 de maio de 1948, dia em que é declarada a fundação de Israel, logo reconhecida pelos Estados Unidos e pela União Soviética. No dia seguinte, cinco estados árabes vizinhos atacam o novo estado, tentando destruí-lo. Com a ajuda de Stalin – uma ironia da história – que oferece e vende armas checas, começa a chamada "Guerra de Independência" de Israel que termina um ano depois com fronteiras que ultrapassam os planos de partição da Palestina propostos pelas Nações Unidas, embora nunca aceites pelos representantes árabes. Centenas de milhares de árabes passam a viver no exílio. A grande Jerusalém fica dividida por uma zona de ninguém entre Israelitas (parte ocidental) e Jordanos (a velha cidade e a parte oriental). Durante a guerra de junho de 1967, denominada pelos israelitas de guerra dos seis dias, a cidade velha e a parte oriental da cidade são conquistadas. (Aqui até as próprias guerras têm nomes diferentes, um dado pelos judeus e outro pelos árabes). Territórios habitados quase exclusivamente por árabes passam também então para o domínio israelita, entre os quais a faixa de Gaza e a margem ocidental do rio Jordão, antes ocupados respectivamente pelo Egipto e pela Jordânia. Até hoje nunca existiu um estado palestiniano, o que não significa que não haja um povo palestiniano. Os árabes sempre apelidaram Jerusalém de El Kuds, a sagrada.

Aqui não há petróleo. Nem diamantes. Nem terra fértil. Desde que começou a segunda intifada (rebelião ou revolta em árabe) o turismo desceu 70%. Vários hotéis fecharam. Aqui só há símbolos, mitos e crenças, mas por eles muitos estão dispostos a dar tudo, a própria vida. O que Jerusalém tem de poético e maravilhoso tem igualmente de violento e trágico. Traz-nos a esperança e depois faz-nos desesperar. A terra onde "corre o leite e o mel" é uma terra sedenta de sangue. Ninguém sabe o que lhe vai acontecer. Combate-se certamente pela terra, por uma vida melhor, por dinheiro, por um futuro para os filhos, mas sempre foi ao espírito que se foi buscar a coragem de lutar.

Graves problemas de família

Pergunto a Eliel o que pensa ele da situação em geral e ele responde de imediato: "Aqui deixou-se de pensar. É uma catástrofe". Falamos francês. Estamos num restaurante asiático, não sei se coreano, se vietnamita, se tailandês, se de qualquer outra nação que desconheço, mas também não estou preocupado em sabê-lo. A comida é deliciosa e o que me interessa é ouvi-lo. Eliel veio, ainda criança, de Marrocos para Israel com os pais. É (assim se reconhece e disso se orgulha) um judeu sefardita. São sefarditas os judeus que, expulsos da península ibérica – Sefarade em hebraico –, vieram habitar o Norte de África. Os da Europa central e do leste são askenazes. Os primeiros tinham como língua corrente o ladino (e segundo Eliel ainda há muita gente que o fala), uma mistura entre hebraico e castelhano medieval. Os segundos falavam, e muitos ainda falam, iedish, uma mistura de alemão e hebraico. (Embora ambas as línguas se escrevam com o alfabeto hebraico, são muito mais distantes entre si do que o hebraico e o árabe, ambas línguas semitas, que se encontram a uma proximidade semelhante à que existe entre o italiano e o português). Eliel assegura-me que a diferença entre askenazes e sefarditas continua a ser a principal diferença entre os judeus e que está muito viva em Israel. Que não há, por exemplo, nenhum juiz que não seja askenaze e que 95 % dos professores universitários também o são. Diz-me que os sefarditas são preteridos em favor dos askenazes em todos os lugares de poder ou dinheiro. Pergunto-lhe, hesitante, se isso não será uma consequência do movimento sionista ser originalmente um movimento de origem askenaze. Diz-me que talvez, vira-se para o lado e pede outra cerveja à bela rapariga que passa. E, quando julgo que se distraiu, volta de novo para mim os olhos muito azuis e parece que nunca mais se vai calar.

No dia 14 de maio de 1948, quando é lida no museu de Tel Aviv a declaração do estabelecimento do estado de Israel, o nome de Theodor Herzl foi aí referido como o pai espiritual do novo país. Theodor Herzl era um simples jornalista vienense até assistir em Paris, em 1894, ao julgamento e condenação do oficial francês Alfred Dreyfus por motivos anti-semitas. Este acontecimento convenceu-o de que a integração dos judeus na Europa, por muitos desejada, não seria jamais possível e que a única solução seria a criação de um estado judaico, uma terra para um povo. O movimento sionista tinha encontrado o seu maior mentor. Acontece que Herzl, como a maioria dos militantes sionistas de então, não era religioso e o movimento sionista era portanto essencialmente laico. Quando a Inglaterra considerou oferecer uma zona dos seus territórios na África Oriental, Herzl estava pronto a aceitar, o que não acontecia contudo com parte dos seus correligionários que já tinham em mente o estabelecimento desse estado na Palestina. Isto pôs em causa a unidade do movimento e acelerou a sua morte precoce em 1904. De qualquer modo, os judeus mais ortodoxos criticaram e opuseram-se a este movimento nacionalista, com a justificação de que o regresso à terra de Israel só seria possível quando liderado pelo Messias e com o objectivo da constituição de um estado estritamente religioso. Há ainda muitos judeus ultra-ortodoxos que assim pensam e preferem viver em Brooklyn, Nova Iorque: não reconhecem o estado de Israel e não falam hebraico, língua que, segundo eles, deve ser reservada ao uso religioso. Muitos outros judeus continuaram a acreditar na assimilação e acabaram vítimas do maior crime da história.

A contradição, ambiguidade e riqueza dos elementos laicos e religiosos presentes desde o início no movimento sionista nunca foi superada e a sua consequência mais notória foi a impossibilidade de uma constituição. De facto, Israel é um país que, embora tenha uma série de leis base passadas pelo parlamento democraticamente eleito, não possui uma constituição. Esta falta talvez se deva à impossibilidade de uma justificação simplesmente racional, isto é sem qualquer elemento religioso, para a sua existência. Os fundadores do estado, em vez de se digladiarem numa oposição que talvez não encontrasse solução, resolveram, pragmática e inteligentemente, passar à frente.

Na simples palavra "judeu" já se encontra esta dupla referência. Embora existam muitos judeus não-sionistas, até anti-sionistas e mesmo alguns, tristemente, anti-semitas, a palavra designa simultaneamente uma pertença étnica e uma filiação religiosa, quer sejam ou não reconhecidas. É como se as palavras "português" e "católico" estivessem fundidas numa só e não pudessem ser separadas. Ser judeu é, em primeiro lugar, ser filho de mãe judia e o deus do povo de Israel é o deus de Abraão, Isac e Jacob. Ser judeu é também pertencer a um povo cuja identidade lhe é dada de sobremaneira por uma história religiosa. Na famosa Lei do Retorno do estado de Israel, que permite a qualquer judeu ser reconhecido de imediato cidadão israelita ao passar a fronteira, é considerado judeu, em primeiro lugar, quem é filho de mãe judia. É-se judeu à nascença, quer se queira quer não, e para sempre. Não se é, por exemplo, cristão à nascença: é o baptismo que o torna cristão. Fui claro? pergunta Eliel, e logo continua sem querer saber de mim.

Encontramos igualmente um problema de identidade do outro lado do conflito. Na carta de princípios da Organização para a Libertação da Palestina – a OLP –, a palavra muçulmano ou a palavra Islão não são mencionadas uma única vez. Um palestiniano é definido como um árabe da Palestina. Segundo esse mesmo documento, o povo palestiniano não forma uma nação. A nação é árabe, de que o povo palestiniano é uma parte integrante. É palestiniano quem nasceu numa determinada região, denominada Palestina, ou quem é filho de pai palestiniano nascido fora dessa região. A identificação não é nem linguística (porque há outros povos árabes), nem religiosa (porque a maioria das nações muçulmanas não é árabe), mas sim espacial ou geográfica e étnica. Assim, a identificação só surge claramente no conflito, e do conflito, com o estado de Israel, podendo dizer-se que a guerra de independência de Israel é, simultaneamente, o começo da guerra de independência da Palestina, guerras que, de facto, ainda não terminaram. Continuo?

A OLP, tal como o movimento sionista na sua origem, é laica e de forte inspiração socialista, mesmo marxista. A falência da ideologia comunista e a implosão do regime soviético vieram mudar, pelo menos em parte, os lados em conflito. Os elementos religiosos voltaram a ser, ou pelo menos a parecerem ser, fundamentais tanto de um como do outro lado. O Hamass, Movimento de Resistência Islâmico, parece ter na juventude palestiniana mais poder de atracção e carisma do que a OLP, que é vista muitas vezes como fracassada e corrompida pelos milhões de dólares com que os Estados Unidos e a Europa actualmente a subsidiam. O objectivo do Hamass é a constituição de um estado islâmico, para além de qualquer distinção étnica, sob um único califa (isto é, um sucessor de Maomé), cuja capital deveria provavelmente ser Bagdad, porque foi aí a sede do último grande califado séculos atrás. O objectivo último da OLP foi o da formação de um estado pan arábico de cariz socialista em que o povo palestiniano desempenharia um papel de vanguarda numa guerra de libertação.

"Estás a ficar suficientemente confuso?" pergunta-me Eliel. "Isso é bom sinal. Fácil é tomar partido." E, para descontrair, conta-me a anedota do Robinson judeu. Descoberto depois de estar trinta anos solitário na sua ilha, mostra aos seus salvadores a sua casa, o seu poço, o armazém de cereais, o seu baloiço de recreio, etc. etc. e as suas duas sinagogas. "Mas por que precisas tu de duas sinagogas se és só um?" perguntam-lhe. E ele responde firme, apontando com o dedo: "Porque a esta vou e àquela ali não vou".

Faz bem rir, sobretudo em Jerusalém.

A culpa é de quem a apanhar

O hotel onde estou alojado tem 14 andares, 17 quartos por andar – contei-os um por um. Porém, não devem estar nele hospedadas mais de trinta pessoas. Ontem, vi ao todo cinco durante o pequeno almoço que demorei a tomar e duas ou três durante o dia. No hall, vasto e alto, ouço o eco dos meus passos. É uma sensação estranha, a de estar fechado num quarto de uma torre desabitada. Parece que ainda não foi totalmente construída, ou então que vai ser brevemente demolida. Dou comigo a ansiar ouvir um ruído humano. Lembra-me o filme The Shining do genial e falecido Kubrick. A grande vantagem de pagar um terço do preço de há dois anos atrás.

Saio do hotel, viro à direita, desço a rua do rei David, atravesso uma via rápida, subo e entro dentro das muralhas da Cidade Velha de Jerusalém pela porta de Jaffa. Soldados armados, como se diz, até aos dentes, inspeccionam lentamente uns poucos de carros. Há um grande silêncio, como uma falta de ar. Dentro das muralhas, onde ainda há quatro anos se viam multidões ocupar as ruas labirínticas e estreitas vejo silhuetas paradas contra os muros. Viro à direita para o bairro Arménio e depois à esquerda na ruela de São Jaime em direcção ao bairro judeu. Pelo caminho encontro um grupo de crianças, escoltado por dois adultos, que certamente se dirigem a alguma yeshiva, uma escola religiosa hebraica. Enquanto sigo ao lado delas, alegro-me. Fico depois outra vez sozinho e, como já me aconteceu ao percorrer aquele caminho, vêm-me, muitas, as lágrimas aos olhos, uma emoção que não controlo. Vou a caminho do Kotel – o Muro Ocidental, o Muro das Lamentações – o lugar mais sagrado para um judeu, o que resta depois da destruição do segundo Templo. Não é sequer um muro do Templo, é quando muito um muro que sustinha as terras sobre as quais esteve o Templo. Choro porque me lembro em catadupa de muitas coisas: a idosa senhora que me ensinava e me dizia ter aprendido alemão em Auschwitz e lá perdeu a família, sem restar um só que fosse; a esperança e a tragédia de um povo demasiadas vezes humilhado, escorraçado, destituído de toda a humanidade; a grandeza e tenacidade de um povo que não desistiu nunca de esperar voltar aqui, prometendo todos os anos: "No próximo ano, em Jerusalém".

Vou de óculos escuros porque o sol brilha muito, embora faça frio. Vou de óculos escuros para ninguém ver as minhas lágrimas. Mas não há ninguém para as ver. Os pequenos largos onde desembocam as ruas estreitas estão vazios, grande parte das lojas está fechada. Deve-se começar a passar mal por aqui. E do outro lado há já fome, disseram-me.

Começo a descer para o recinto do Muro. Tenho de passar a segurança. Curiosamente não me revistam, passo só debaixo do detector de metais. A pessoa antes de mim foi revistada com mais meticulosidade do que num aeroporto. Entro no recinto, uma larguíssima praça onde cabem milhares de pessoas, e agora o chão à mostra. Do lado direito, o Muro. Grandes blocos de calcário uns sobre os outros, com alguns tufos de vegetação a crescer nos interstícios. Do lado direito, mais pequena, a parte reservada às mulheres; do esquerdo, a parte reservada aos homens; as duas partes separadas por um tabique de madeira. Há uma dúzia de judeus a rezarem contra o Muro. É só um Muro, nem sequer muito alto ou largo, o símbolo maior da religião deste povo. Por todo o mundo, em todas as sinagogas, dos treze milhões de judeus vivos, pelo menos os que rezam viram-se para aqui. Quando deixam de rezar colados ao muro, tanto os homens como as mulheres vêm recuando, por respeito, para não Lhe virarem as costas. É muito simples, belo, misterioso. Quem quer deixa uma mensagem escrita num papel dobrado numa das ranhuras do muro para que Deus a possa ler mais tarde, quando entender que se merece, quando tiver tempo.

No meio do recinto, vejo só agora com espanto, está hasteada num alto mastro uma bandeira israelita. Sinto-me chocado. Troco logo as lágrimas que secaram pela indignação, uma raiva. É como se pusessem uma bandeira da república portuguesa no meio dos Jerónimos. Onde isto chegou, meu deus! Pode-se ser judeu muito piedoso e não se ser sionista. Não é o meu caso, mas podia bem sê-lo.

Por cima do Muro, o Monte do Templo encontra-se há treze séculos ocupado por uma mesquita e pela Abóbada do Rochedo, dois lugares considerados pelos muçulmanos os mais sagrados depois de Meca e Medina, onde nasceu e viveu o Profeta. Para mim, a Abóbada do Rochedo é a construção mais bela da cidade. Uma construção circular toda forrada a azulejos esmaltados azuis turquesa com uma cúpula coberta a folha de ouro. Insisto por três vezes, em três locais diferentes, que a desejo visitar, como turista que sou, e não me deixam. A Abóbada do Rochedo é assim chamada porque encerra o rochedo de onde Maomé teria ascendido aos céus depois da morte, embora nunca tenha vindo fisicamente a esta cidade. Não só não me deixam lá ir como troçam ligeiramente (que não há lá nada para ver). Isto chegou a um ponto absurdo, penso, porque qualquer judeu sabe que esse mesmo rochedo é, na tradição judaica, o lugar onde Abraão esteve disposto a sacrificar o seu filho Isac, não fosse a mão de Deus impedi-lo. Dizem-me que há mais de um ano não se pode visitar. Nem a mesquita El-Aqsa, que se encontra ao lado. Só pode lá ir quem traz escrito árabe no bilhete de identidade, isto é, um dos dois milhões de árabes israelitas, explicam-me por fim. Os bilhetes de identidade discriminam, portanto, a religião neste país, concluo. Os palestinianos têm um bilhete de identidade vermelho e também não podem lá entrar. Pelos vistos os cristãos também não. Sempre detestei bilhetes de identidade.

Só se compreende um pouco da complexidade do conflito entre israelitas e palestinianos quando se verifica, como é o caso aqui, que não é sequer possível traçar uma linha que separe um lado do outro. Em Jerusalém, os dois locais mais sagrados para cada uma das religiões encontram-se um sobre o outro, mais, o mesmo pedaço de pedra é sagrado para uma e para a outra religião. A divisão não é possível e ninguém aqui cede nada. A segunda Intifada começou no dia em que um proeminente israelita ousou passear-se sobre o Monte do Templo, num gesto que para uns talvez seja de liberdade ou domínio e para outros de provocação e desrespeito.

A terra de Israel foi prometida ao povo hebraico por Deus. Mas a mesma terra foi conquistada por vontade de Deus por um povo muçulmano. E o que uma vez foi muçulmano pode deixar temporariamente de ser muçulmano mas não pode, segundo a lei islâmica, deixar de permanecer, por direito, muçulmano: a terra pode-lhe ser retirada mas o direito sobre ela é eterno. Os árabes, nem que não fosse por motivos religiosos, nunca poderiam aceitar a partição da Palestina oferecida pelas Nações Unidas em 1945. O que para um ocidental pode ser interpretado como uma teimosia, uma ausência de pragmatismo ou uma falta de sentido histórico, pode ser visto por um muçulmano como um dever religioso que não pode quebrar.

O Deus de Abraão, Isac e Jacob deu uma terra ao povo hebraico, terra onde este, e só aí, pode honrar por completo o seu Deus. O Deus compassivo e misericordioso de Maomé deu a mesma terra a outro povo. Os dois deuses são o mesmo e não são o mesmo, e os povos são irmãos que receberam a mesma herança que pretendem honrar e da qual não querem, nem podem, abdicar. Isto é linguagem teológica. Mas em linguagem histórica passou-se algo de paralelo. O poder do império britânico prometeu aos árabes, com o fito deles se unirem na luta contra os turcos otomanos aliados dos alemães na primeira grande guerra, a terra árabe onde eles há muitos séculos incluíam a Palestina, aliás um território limítrofe e sem grande importância. Ao mesmo tempo, o poder do império britânico prometeu a Palestina aos judeus para que lá construíssem a intraduzível expressão "national home" – o que foi naturalmente interpretado pelos judeus como um estado judaico soberano – com o fito de terem o apoio financeiro na guerra que disputavam e, generosamente, dar uma solução ao problema que viam irresolúvel dentro da Europa. Os ingleses prometeram, portanto, o mesmo a dois herdeiros ou pelo menos assim os herdeiros o entendem. E fizeram mais, nas costas dos dois – árabes e judeus – dividiram o mapa entre si e a França, atraiçoando ambos.

Mas o poder do império britânico, como o da Europa em geral, deixou de existir no fim da segunda guerra. Winston Churchill ganhou a guerra, mas a um custo tal que teve de passar a responsabilidade para um novo poder mundial, os Estados Unidos da América, que surgem, assim, como os herdeiros dos poderes coloniais que nunca tiveram. E nunca souberam bem o que fazer com essa herança. Quem primeiro ajudou decisivamente o estado de Israel foi a União Soviética, mais tarde a França que lhe permitiu atingir o poder nuclear, e só nos anos 60 os Estados Unidos passam a desempenhar um papel decisivo neste conflito que não criaram, não conseguem bem compreender e lhes custa muito caro: 4 biliões de dólares por ano para o Egipto, certamente também biliões para Israel e para a Jordânia, muitos milhões para a Autoridade Palestiniana. O relativo equilíbrio é mantido à custa de dinheiro estrangeiro.

PEDRO PAIXÃO

Corre por aqui um ódio que só conhece quem conhece o ódio de irmãos desavindos. É um ódio feroz, em que um e outro se acusam de um crime que não conseguem analisar ou compreender dentro dos limites da razão, porque a emoção explode por todos os lados face a uma injustiça que apela à loucura. A terra onde corria o mel e o leite continua sedenta de sangue.

Nem o poder israelita nem os poderes palestinianos querem a paz porque sabem que, de todas as soluções possíveis, esta é a menos má, penso furioso com o mundo. Entretanto perdi-me no labirinto e não encontro ninguém a quem pedir ajuda.

Enquanto houver crianças

Vou num táxi com um árabe. Volto num táxi com um judeu. Sei-o porque perguntei. De outro modo não saberia: são iguais em tudo. Pedem-me, por favor, para pôr o cinto de segurança já que escolho ir no banco da frente. Respondem em inglês às minhas perguntas em inglês. Um tem três filhos pequenos; o outro ainda está para casar, mas quer ter três filhos pequenos. Nasceram nesta cidade e apontam, o carro em movimento, com o dedo de uma das mãos para baixo, porque é a maneira mais simples e segura de dizer que é aqui mesmo. Nenhum deles fuma, mas posso fumar à vontade e abrem-me o cinzeiro. Também nenhum sabe muito bem como vai ser o futuro, mas sorriem abundantemente, com verdade, porque acreditam nalguma coisa que eu não tenho de saber. Têm pai e mãe e irmãos e também devem ter tios e primos como toda a gente que vive nesta cidade. Simpatizam comigo e eu simpatizo com eles. Há mais trânsito do que supus. Enfim, chegámos e não vamos ter tempo para acabar a nossa conversa, como sempre. Os dois passam-me um cartão e mostram-se disponíveis para qualquer viagem, se não forem eles arranjam um colega. Pago 30 shekels para ir e 30 shekels para voltar. Em Lisboa já houve taxistas destes, penso com melancolia.

Vou às compras. Tenho de comprar uma impressora portátil para melhor tentar corrigir a minha ortografia incorrigível. Não há como o papel para uma pessoa se dar conta dos seus erros. No hotel indicaram-me um centro comercial nos limites da cidade. Parece igual às Amoreiras, só que metade do tamanho (podem ser os mesmos arquitectos pós-modernos, quem sabe?) e com a diferença de estar um tipo à entrada, vestido tal como eu, com uma metralhadora nas mãos. Tem cara de mortalmente aborrecido. Como quem diz: "Tanta coisa para fazer e eu aqui o dia todo com uma metralhadora nas mãos!" Lá dentro continua a ser como as Amoreiras e esquece-se logo o porteiro.

Encontro a impressora, mesmo da marca que eu queria. Isto é mesmo a Europa, digo ao vendedor. Mas vou a pagar e a máquina não aceita o meu cartão de crédito American Express. O vendedor fala para um número de telefone e diz-me que lhe dizem que o meu cartão tem um problema. Diz-me que tenho de falar para Portugal. Fico inquieto. Tranquiliza-me de imediato, que é muitas vezes assim com cartões estrangeiros e que depois tudo acaba por se resolver. Acho aquilo muito estranho, parece que estou muito longe nalgum outro planeta. O vendedor liga para um número em Portugal e passa-me o telefone. Falo com uma senhora em português, o que me sabe bastante bem, até parece que estou em casa. A senhora pergunta-me, com grande cortesia, o meu nome e morada e depois informa que o meu cartão não tem qualquer problema. Peço para ela, por favor, repetir isso mesmo, em inglês, ao senhor vendedor a quem passo o telefone. Ele depois volta a passar-me o telefone e a senhora que fala português perfeitamente, e está fechada algures em Lisboa, pede para eu tentar passar o cartão daqui a cinco minutos porque vai mandar já uma mensagem para Israel a comunicar que não há problemas com o meu cartão. Pede-me desculpas por qualquer inconveniente. O vendedor continua completamente descontraído enquanto eu já me senti muito perto de ser um ladrão de cartões American Express. Como temos cinco minutos pela frente, falamos de Luís Figo. Se o vir, pede-me para mandar cumprimentos. Passam cinco minutos. A máquina aceita o cartão. As máquinas são completamente estúpidas, fazem o que se lhes diz para fazer. Dou, agradecido, um forte aperto de mão ao vendedor que confiou em mim sem me conhecer de parte alguma. Saio do centro comercial com um pacote nos braços e o porteiro, de metralhadora embora vestido como eu, persiste no mesmo ar de aborrecimento extremo.

Enquanto houver crianças o mundo está salvo, penso. Penso isto porque estou a comer uma deliciosa pizza Marguerita em frente a um pequeno jardim e vejo passar um grupo de crianças que deve estar a ir ou a sair de uma escola. As crianças são todas iguais, exceptuando, tristemente as que têm doenças graves e estão fechadas dentro de hospitais. As crianças criam a vida antes de a viver. Brincam com qualquer coisa. Têm o mundo todo à espera. Têm por melhor amigo um cão ou um gato ou um pássaro a voar lá em cima. Enquanto houver crianças está o mundo salvo. Mas depois uma criança repara que o pai não tem trabalho e, depois, que o irmão foi viver para outro país e, depois, vê na televisão que o mundo anda todo à bulha com o mundo e, depois, uma criança deixa de ser criança. E começa numa luta com o mundo inteiro, uma luta perdida à partida, e começa, pouco a pouco, lentamente, a aceitar que o mundo é o mundo e repara então que já está velho, cheio de cabelos brancos e rugas na cara. E depois, do outro lado da rua, enquanto come uma saborosa pizza, vê passar um grupo de crianças e anima-se. Enquanto houver crianças está o mundo salvo, pensa.

Acabo a pizza. Pago com o meu cartão de plástico que funciona igualmente aqui ou em qualquer lugar. Volto para o hotel só meu. Estou a entrar no quarto com vista sobre a Cidade Velha de Jerusalém e está o telefone a tocar. É o meu filho a dizer que aprendeu mais um truque de cartas e que tem muitas saudades minhas. Pergunto-lhe se sabe como se diz o seu nome em árabe, como se fosse uma pergunta que se fizesse a uma criança, e depois digo-lho: Dáud, e que não tarda volto para uma pescaria. Desligo o telefone com uma coisa dentro do corpo, que deve ser a alma, a dizer-me que só o amor pode salvar o mundo; e eu um pai tão fraco. Ligo a minha nova máquina ao computador. Ponho duas folhas brancas na impressora a jacto. Carrego num botão, as folhas enchem-se de pequenas letras a tinta preta, e leio isto.

Shabat em Jerusalém

Ao meu lado direito está um grupo de rapazes que não pára de sussurrar. Sentado duas filas diante de mim, um senhor de cara redonda e muito branca vira-se regularmente para trás e manda-os calar pondo o dedo indicador direito atravessado perpendicularmente sobre os lábios. Os rapazes contêm-se uns minutos, e depois recomeçam. Mais à frente, dois indivíduos de pé dobram-se, para trás e para a frente, ondulantemente. Outros lêem sentados. Outros não lêem e estão simplesmente sentados ou em pé. Outros andam de um lado para o outro, parecendo inquietos. Uma criança corre pelos corredores, entre as filas. Não param de entrar e sair pessoas deste hall enorme. Parece que cada um faz o que bem lhe apetece até ao momento em que, do centro elevado onde se encontram quatro indivíduos com xailes brancos às riscas azuis sobre as costas a ler desde que entrei, ora em voz baixa ora em voz mais alta e cantada, um deles levanta os braços e mostra a toda a volta dois grandes rolos de papel unidos onde se percebe que está algo escrito. Então, a maior parte da assistência, umas centenas de homens, levanta-se, diz umas palavras que não entendo e volta a sentar-se. Estou na Grande Sinagoga de Jerusalém, são onze horas da manhã e hoje é dia de Shabat, sábado. Quem não souber o que aqui se passa, julgará que neste hall sem qualquer imagem, pintada ou esculpida, se veneram rolos de papel. E é verdade, não o papel, claro, mas o que nele vem escrito, as palavras, a manifestação mais imediata do Espírito, as palavras de Deus, a Torah.

A Torah é a Lei dada por Deus a Moisés, tal como aparece nos cinco primeiros livros da Bíblia, e é anualmente lida na íntegra, semana após semana. Depois da destruição do segundo Templo, em que o culto divino era ainda praticado por sacerdotes e consistia essencialmente no sacrifício ritual de animais, o culto hebraico passou a desenrolar-se sob a forma de orações e leituras feitas por um grupo mínimo de dez homens numa sinagoga, bet-knesset em hebraico, o lugar de encontro. Desde então, o povo hebraico não tem sacerdotes mas sim rabinos, que tal como na forma reformada do cristianismo, não são padres (isto é, intermediários indispensáveis entre o comum e Deus), mas tão somente homens mais dedicados e preparados para conduzir o culto do Senhor.

Deixei-me ficar uma hora na grande Sinagoga de Jerusalém. À entrada pediram-me o passaporte e fui revistado. É natural; potencialmente constitui um alvo para um ataque terrorista. Num muro em mármore li que esta sinagoga é dedicada "Àqueles que morreram para que nós possamos estar vivos. Aos seis milhões de judeus assassinados na Europa". Isto nunca vai ser esquecido, pensei, enquanto houver Europa e Ocidente, porque foi o maior crime perpretado na nossa história. Não um crime cometido apenas por um grupo de indivíduos, nem sequer por uma única nação, mas por várias que colaboraram, assistiram, ou não quiseram saber do que se passava: quase a Europa inteira. O culminar de uma história de anti-semitismo que acompanha desde o seu início toda a história ocidental e de que o cristianismo foi um dos factores responsáveis. O Holocausto foi uma das razões principais, senão a decisiva, para a constituição do Estado de Israel e continua a ser o acontecimento maior de onde os israelistas continuam a buscar a força para insistir, contra todas as probabilidades, nesta aventura. Um segundo Holocausto aqui é uma possibilidade real e não uma paranóia. Nos livros escolares palestinianos e jordanos, por exemplo, Israel continua simplesmente a não existir. Na Guerra do Golfo, o Iraque enviou mísseis contra Israel. Recentemente, um ministro iraniano ameaçou Israel com um ataque nuclear, não se importando com as centenas de milhares de árabes e muçulmanos que igualmente aqui habitam.

Volto ao meu hotel para reparar como entretanto sofreu uma explosão demográfica. Intrigado, pergunto na recepção o que se passa e respondem-me: uma barmitzva. Uma barmitzva é a ocasião em que um rapaz judeu de 13 anos confirma a sua pertença à comunidade, uma celebração da qual nunca mais se esquecerá. A recepcionista mostra-me, numa folha impressa, o programa completo: refeições, orações, a passagem do exame a que é submetido e que consiste essencialmente em saber ler uma passagem da Torah – o que parece não ser nada fácil porque ali não tem os sinais que se usam na escrita corrente do hebraico, indicando as vogais. Sento-me num canto a olhar todo aquele movimento, sobretudo as crianças que são muitas, brincando e correndo e escorregando por todo o lado. É Shabat em Jerusalém e em mim.

Vem escrito no começo da Bíblia que Deus, depois de criar o mundo, repousou ao sétimo dia. Esse dia é o Shabat, em que os humanos estão interditos de criar o que quer que seja. As interdições são muitas: trabalhar de que forma seja, escrever, fazer lume, andar de carro, fumar, mesmo arrancar uma flor. Mas muitas outras coisas são bem vistas: ler, fazer amor, contemplar a mesma flor. No meu hotel, como em muitos de Jerusalém, existe o chamado elevador Shabat que pára automaticamente em todos os andares sem ser preciso carregar num botão e que, consequentemente, demora um quarto de hora a chegar ao sétimo piso. O significado mais profundo do Shabat consiste, no entanto, em convidar o ser humano a aperceber-se de que o mundo não foi criado por ele, que é nele um simples convidado de passagem e que por isso deve louvar Deus, o único e verdadeiro Criador.

O judaísmo, primeira religião monoteísta, assenta na convicção de que Deus é omnipotente, omnipresente e justo. Moisés, ao ver a Sua manifestação visível num arbusto espinhoso a arder, pergunta-Lhe o seu nome. O que ele pretende saber é quem Ele é, tendo todas as coisas e todas as pessoas um nome, uma determinação. Deus responde: "Eu sou aquele que é". Deus não tem nome porque ter nome é ser isto ou aquilo, um particular, um isto distinto daquilo (ser uma rosa é não ser uma laranja, ser azul é não ser vermelho), e Deus não tem qualquer determinação por as conter todas. Não está aqui ou ali, nem agora nem depois, mas em qualquer lugar e sempre, tudo tendo criado a partir de nada. Esta ideia tem um poder incomparável e pode ser tida como um dos centros decisivos da crença judaica. O outro é o carácter moral desta crença. A Bíblia é, essencialmente, um conjunto de regras, de mandamentos: o que se pode e o que não se pode fazer, sendo os justos recompensados e os injustos castigados.

Almoço no restaurante do hotel e bebo um magnífico vinho kasher (o que significa simplesmente permitido e, no caso do vinho, significa apenas que foi produzido em Israel por israelitas judeus) e depois subo para o quarto onde adormeço sem me dar conta disso. Quando acordo, já passa das cinco e resolvo escrever alguns postais que tenho primeiro de comprar no quiosque do hotel. Está fechado, mas deparo com a senhora que nele trabalha e me pede para esperar até às seis menos cinco, fim do Shabat, porque até lá não pode acender as luzes, explica-me com ar pouco satisfeito. Digo-lhe que nada tenho para fazer e vou para o andar superior continuar a olhar as pessoas que passam. Nenhum humano de sexo masculino, salvo eu, está sem kipá – o solidéu usado por bispos católicos ou o chapéu típico da Madeira, o que me faz pensar se a beleza das mulheres daquela nossa ilha não se deve ao facto de serem todas judias – ou um chapéu preto de feltro e abas, igual ao que usava o meu avô Amadeu na Beira Alta. Sinto-me diferente, facilmente segregável, por momentos receio que possam julgar ser um terrorista. Passam duas raparigas lindas mostrando os seus cabelos ondulados que eu sigo com os olhos de forma pecaminosa de que me procuro livrar e não consigo.

Nisto são cinco para as seis e desço para o quiosque. Escolho os postais coloridos e quando vou a pagar reparo que a senhora de certa idade, que tinha falado até agora em inglês comigo, faz a conta baixinho em alemão. Começo a falar alemão com ela, perguntando-lhe como sabe ela falar aquela trágica língua. A senhora, olhando-me nos olhos, diz que com onze anos, em

1939, "mesmo no limite", fugiu da Alemanha com a família mais próxima para a Venezuela, e habita em Israel há vinte e quatro. Acrescenta, com um orgulho de que me julgo aperceber mas para o qual ignoro a razão, que todos os seus filhos também falam alemão se bem que, claro, também falem espanhol. "E você por que sabe alemão?" pergunta-me e eu respondo sem ir a pormenores. Confessa-me então, nitidamente mais baixo, que esta gente religiosa está a dar cabo deste país. Que deixou de acreditar em qualquer deus depois do que aconteceu na Europa. Que um deus não permitiria que acontecesse o que aconteceu, sobretudo às crianças. Calo-me, pago, e vou encher os meus postais de Jerusalém com a minha desordenada caligrafia.

Maomé vem todos os dias

Maomé vem todos os dias tratar do quarto. Tem o nome do Profeta, por essa razão o nome mais comum entre muçulmanos. É hábil, rápido, educado. Tem vinte e dois anos e nasceu em Jerusalém. Aproveito para aprender algumas palavras em árabe e, mesmo sem querer atrasá-lo no trabalho, peço que me escreva algumas numa folha do meu caderninho: salem (paz), shams (sol), helal (lua). Depois, sai apressado, despedindo-se. Ainda está a estudar: gostava de um dia poder vir a ser enfermeiro, talvez mesmo médico.

Maomé, Muhammad, não pretendeu criar uma nova religião mas sim continuar e corrigir a religião fundada por Abraão, patriarca de árabes, judeus e cristãos. É um profeta, não é Deus, nem sequer o Messias. Não é adorado. É respeitado como o último e derradeiro mensageiro de Deus. A mensagem de Deus ouviu-a do anjo S. Gabriel durante vinte e dois anos que viveu em Meca e depois em Medina, onde faleceu em 632, mais a norte na península arábica. Trouxe o monoteísmo aos árabes, trouxe melhores condições de vida para os pobres, órfãos, mulheres e escravos, e fixou a língua árabe de referência. O que foi recitando, repetindo as palavras de Deus, ficou escrito no que se chama Corão. Corão quer precisamente dizer recitar e as palavras que nele se encontram não são palavras inspiradas por Deus, como as dos profetas hebraicos, ou escritas por testemunhas da vida de Jesus, como no Novo Testamento, mas sim literal e textualmente as palavras divinas, que por isso não podem ser alteradas. Olhar a forma dessas palavras é já uma forma de rezar. Muçulmano é aquele que se rende diante de Deus. Hoje há mais de um milhar de milhão de muçulmanos. Só cerca de quinze em cem são árabes. Sem esquecer que, dos árabes, cerca de quinze em cem são cristãos (há palestinianos cristãos, assim como há muçulmanos israelitas).

Meca é a cidade mais sagrada para o Islão porque aí se encontra a Kaaba – uma construção cúbica e vazia por dentro com uma Pedra Negra num dos seus cantos – que teria sido construída como primeiro Templo por Abraão, ajudado por Ismael, filho de uma sua escrava, Hagar. Os muçulmanos rezam virados para esse lugar. Nos primeiros capítulos (suras) do Corão procura-se a identidade ao apontar o que distingue um muçulmano de um judeu e de um cristão. Os judeus são criticados por terem atraiçoado a aliança com Deus caindo muitas vezes no paganismo. Como primeiro povo escolhido por Deus, esta ofensa torna-se neles particularmente grave. Os cristãos são acusados de não terem compreendido a mensagem de Jesus, verdadeiro profeta, pois ao divinizarem-no regressam, obviamente, ao politeísmo. Aliás quem foi crucificado na cruz não foi Jesus mas sim Judas, o traidor. Apesar destes erros, judeus e cristãos são considerados, tais como eles próprios, povos do Livro, isto é, da Bíblia e os muçulmanos têm a esperança que, pelo menos alguns deles, se convertam à verdadeira religião corrigida que, no entretanto, não lhes deve ser imposta.

Maomé era não só um profeta, mas também o líder de uma comunidade e um chefe guerreiro. Esta união de três facetas distintas num só homem marca desde o seu início o Islão e aponta para uma série de problemas específicos. A questão de saber se pode verdadeiramente existir um estado laico muçulmano continua em aberto e a divisão entre os poderes políticos e religiosos continua, na maioria dos casos, por resolver. O que é facto é que o império muçulmano se expandiu a enorme velocidade, atingindo, ainda no século VII, de um lado a Índia e do outro a Península Ibérica. Esta expansão só é em parte compreensível porque os povos que vão sendo conquistados vão sendo integrados numa religião que se quer universal, à qual todos se podem e devem converter com benefícios espirituais e materiais, e os convertidos contribuem, por sua vez, para a sua contínua expansão. Não é uma religião árabe, é uma religião cujo Profeta falou em árabe, e cujo livro sagrado está escrito em árabe.

A tolerância para cristãos e judeus variou conforme os tempos, embora essa tolerância não signifique nunca igualdade de direitos e deveres: os que persistem na sua religião são obrigados a pagar um imposto anual, a dhimmi, paga por uma minoria ao ser militarmente protegida. O último grande império muçulmano, que só expirou em 1918, era turco otomano e, portanto, não árabe. E há judeus que defendem ter sido precisamente sob os otomanos que melhor puderam viver, embora se tenham sentido mais em casa na Ibéria, de onde foram expulsos, ou violentamente convertidos, pelos reis cristãos no século XVI, causa maior da decadência de Portugal e da Espanha de que nunca recuperámos.

A religião islâmica assenta sobre os chamados Cinco Pilares. São eles: Shahada (que significa ser testemunha e consiste em duas afirmações: "Testemunho que só há um Deus, Alá. Testemunho que Maomé é o mensageiro de Alá", sendo Alá a palavra árabe para Deus), Salat (a oração a Alá que deve ser feita cinco vezes por dia), Zakat (a purificação através da doação anual de uma percentagem dos seus bens), jejum (durante o Ramadão, o sexto mês do calendário islâmico, que proíbe comer e beber durante o dia) e a Haji (a peregrinação – exceptuando casos de força maior – pelo menos uma vez na vida a Meca no último mês do ano).

Como em todas as religiões, as diferenças, divisões e mesmo guerras internas surgiram logo após a morte do Profeta. A mais conhecida divisão é entre sunitas (defendendo que o califa, isto é, o sucessor de Maomé deve ser eleito) e shiitas (defendendo que o califa deve ser da família do Profeta). O Islão, como as outras religiões, não tem uma história, mas sim múltiplas histórias que se cruzam e se vão modificando. A forma actualmente mais em foco, a do extremismo islâmico, só teve a sua origem no século XIX – o Wahabismo – e é hoje em dia exportada para todo o mundo a partir da Arábia Saudita com dinheiro do petróleo que todo o mundo lhe compra. Mas não foi este fanatismo moderno, que deve ser compreendido como uma reacção ao colonialismo imposto pelas potências europeias, que a tornou numa das maiores religiões, mas sim o facto de ser vivida como uma libertação pelos povos de muitas etnias que a ela se foram sucessivamente convertendo. A Indonésia é hoje o país com maior população muçulmana.

Desde sempre que o Islão, como o cristianismo, vive do conflito entre a sua unidade e as suas próprias diferenças. Basta notar o contraste extremo entre a posição social das mulheres, por exemplo, no Yemen, onde vivem reclusas sem qualquer expressão de liberdade, e no Paquistão, onde podem tornar-se primeiro-ministros; ou as diferenças em termos de sistema legal entre a Arábia Saudita, onde ainda se pratica a amputação de membros como pena, e a Turquia, que possui um sistema exclusivamente laico.

Maomé bate à porta, entra, e trocamos mais umas palavras. Portugal em árabe significa laranja, fico a saber. Que curioso. Foram de facto os árabes que trouxeram o perfume das laranjeiras em flor, quando ocuparam a península ibérica, antes da chamada Reconquista.

Um túmulo vazio

Estou sentado num banco corrido, encostado a uma parede, ao lado de um jovem padre, cristão ortodoxo grego, de barba bem aparada e sotaina negra do pescoço aos pés. Diante de nós, a pequena construção que, no meio desta igreja labiríntica (ela própria feita de igrejas, cada qual do seu credo), contém o túmulo em pedra escavada onde teria sido posto o corpo envolto em panos brancos, conforme a tradição hebraica, de Jesus, que ao terceiro dia ressuscitou de entre os mortos. É a Igreja do Santo Sepulcro. Kristós (é assim que se chama o padre ortodoxo, nome assaz comum entre os gregos e que significa ungido) fala um inglês invulgarmente bom para um grego, que tal como os espanhóis apreciam – talvez para mostrar independência e não por falta de dom para as línguas – exibir um sotaque cerrado. Conta-me o que eu já sei mas não me importo de ouvir outra vez. Fala-me de Helena, mãe do Imperador Constantino, que no séc. IV mandou edificar esta igreja, dos sucessivos desastres por que passou, fogos, terramotos, e sucessivas reconstruções, adaptações, divisões. A igreja contém, para além do túmulo vazio de Cristo, o lugar onde esteve crucificado ladeado por dois ladrões, a pedra onde foi deposto depois de descer da cruz, e mesmo, a um canto, as pegadas de Adão e Eva, não sei se ainda no paraíso se quando dele se escapavam para fugir ao tédio. É o que se chama economia de espaço.

Acredita quem quer, melhor, quem pode. É comovente ver, como eu vi, uma rapariga de pele escura ajoelhar-se várias vezes no chão e beijá-lo com os braços todos esticados para a frente como para o agarrar. Eu não sei no que acredito, por isso poupo-me a ter opiniões. Trouxe da minha mãe um crucifixo para ser benzido, mas como não vi água benta coloquei-o sobre a sagrada pedra e pareceu-me ser o suficiente. Pode ser ténue a fronteira entre a superstição e o verdadeiro acreditar. Nisto, o padre a meu lado pede desculpa porque lhe toca o telemóvel e começa a discursar em grego. Levanto-me, agradeço, despeço-me.

São extremamente complexas as relações entre o judaísmo e o cristianismo. Jesus de Nazaré, nascido em Belém, morreu crucificado pelos romanos cerca do ano 30 em Jerusalém. Isto são factos históricos. O resto, que é o que mais importa, coloca muitos problemas, e os mais decisivos serão talvez os mais insolúveis, escandalizando mesmo a própria razão. Dos evangelhos que nos chegaram, tão simples como impenetráveis e muitas vezes contraditórios entre si, podemos no entanto inferir que Jesus nunca pensou ser o fundador de uma nova religião, mas se viu sempre como um judeu, discutindo com judeus, e como tal é várias vezes mencionado como rabino, isto é mestre de judaísmo. Os seus primeiros seguidores também não parecem querer ter rompido com a religião (habituada a muitas vivências, escolas e seitas) que era a deles. O corte, a separação, a oposição entre o judaísmo e a religião que virá a ser conhecida como cristianismo aparece com S. Paulo, o único dos apóstolos que não viu Jesus enquanto vivo, mas lhe apareceu em espírito e o revolucionou por inteiro aquando da sua célebre viagem para Damasco.

Para compreender a história do cristianismo primitivo é de facto preciso ter em consideração esse ser em absoluto excepcional que é Saúl (Paulo na nossa língua latina) e os acontecimentos históricos em Jerusalém depois da morte e ressurreição do Cristo. Paulo, embora judeu, era cidadão romano e cresceu afastado de Jerusalém, tendo nascido em Tarsos perto de onde hoje se situa a Turquia. Já Jesus não falava hebraico, mas sim aramaico, uma língua regional que era também uma língua semita em que se escreveram os últimos livros da Bíblia judaica. Mas a língua-mãe de Paulo era o grego, a língua do Império, a língua da cultura universal da época. Acontece também que as igrejas "cristãs" primitivas mais próximas de Jesus, em particular a de Jerusalém dirigida pelo seu irmão, Jaime, foram destruídas para sempre pelos romanos no ano 70. O que assim sobrevive é não uma outra seita judaica como havia dezenas na época, mas uma religião embrionariamente universal. Nisso mesmo se tornou de forma patente quando três séculos depois se torna a religião de estado do Império Romano, primeiro com sede em Roma depois em Bizâncio, hoje Istambul.

Para além de outras discussões e divergências, o que mais parece separar Paulo dos seus correligionários de Jerusalém e virá a provocar a ruptura e fundação da nova religião é uma questão que pode parecer menor: a circuncisão. Ser circunciso é, segundo a tradição judaica, para todos os homens, ter a indispensável marca na carne de que se é judeu. Abraão não mata o seu filho Isac, mas o sacrifício que marca para sempre a aliança do povo com Deus é esse acto simbólico. S. Paulo insiste repetidamente (e disso resultam acesas disputas) que esse sinal de pertença étnica deixou de ser necessário: Cristo veio para salvar a humanidade para além de qualquer diferença de cor de pele ou raça. O baptismo e a fé na ressurreição de Cristo e no mundo que está para chegar é que salvam. É, no entanto, verdade que nos evangelhos já aparecem vários sinais de uma independência e liberdade revolucionárias de Jesus em relação à prática mais corrente e tradicional do judaísmo: Jesus deixa-se tocar por uma prostituta, Jesus considera a possibilidade de quebrar o Shabat, Jesus revolta-se contra algumas práticas no Templo. Jesus parece querer opor-se a todos os poderes instituídos (ou pelo menos afastar-se deles), sejam eles políticos ou religiosos. É por isso condenado, por uns e outros, acabando por sofrer a pena imposta pelos romanos, a crucificação (a pena capital tradicional judaica é a lapidação, a morte por apedrejamento). Mas não parece que Jesus tenha sequer alguma vez pensado na possibilidade de deixar de ser um judeu. É de notar que nalguns evangelhos – os que foram depostos por escrito em primeiro lugar – a palavra judeu quase não aparece (porque não se fala de judeus quando se está entre judeus), enquanto que nos posteriores, escritos provavelmente já depois de S. Paulo, sobretudo o atribuído a S. João, a mesma palavra, judeu, aparece inúmeras vezes, o que indica claramente uma vontade de diferenciação e afastamento em relação ao Judaísmo.

A posição do Judaísmo em relação a Jesus é igualmente complexa e variável. Muito do que é atribuído aos ensinamentos de Jesus, tal como o mandamento central "Amai-vos uns aos outros como a vós próprios", pode igualmente encontrar-se em sábios judeus (entre os quais o maior, um pouco anterior no tempo a Jesus, é Hillel). Jesus é, em geral, considerado um judeu que pode ter cometido o crime de blasfémia ao considerar-se o Messias, ou pelo menos, rei dos judeus. Mas não há uma hostilidade em relação a Jesus que é de facto mencionado no Talmud, embora apenas de passagem. Os problemas do judaísmo não são com Jesus, mas sim com o cristianismo e são, infelizmente, muitas vezes mais do que justificados, dado todo o anti-semitismo que percorre, com maior ou menor intensidade, a sua história e em que a acusação principal é a de terem sido os judeus os responsáveis pela morte de Jesus, o que é historicamente falso.

De facto, o Judaísmo parece viver numa contradição que não consegue resolver e que foi exposta várias vezes na sua história: espera-se um Messias, mas esse Messias não pode aparecer porque isso quebraria o princípio do monoteísmo. Espera-se um enviado de deus, mas o carácter humano contradiz e anula o carácter divino. É esta a contradição que o cristianismo pretende superar com o dogma da Santíssima Trindade segundo o qual Deus seria Pai, Filho e Espírito Santo. Um grande pensador austríaco do século XX, Ludwig Wittgenstein, com ascendentes judeus e cristãos (tanto católicos como luteranos), escreveu que lhe parecia que o judaísmo era um corpo ao qual lhe faltava a cabeça. A cabeça seriam os evangelhos de Jesus. E logo acrescenta que S. Paulo é a coroa sobre essa cabeça, coroa que ele dispensa. Talvez Ludwig se considerasse um judeu cristão, o que não é de modo algum contraditório.

ONZE NOITES EM JERUSALÉM

Saio da penumbra da Igreja para uma luz que me ofusca e estou no meio do bairro árabe. As ruelas estão praticamente vazias. Os próprios comerciantes deixaram de esperar vender o que quer que seja e não me dirigem palavra. Estão a aguentar. Até quando, não sabem. Por dez shekels compro um doce delicioso de amêndoas e castanhas a um velho de koffia na cabeça cuja face revela uma dignidade eterna.

A Linha Verde

Cerca das onze da manhã atravessamos a Linha Verde. Do céu encoberto caem pesadas gotas de água. No check-point não nos demoram. Vejo soldados com metralhadoras sofisticadas por detrás de enormes cubos de cimento armado. A fila de carros é extensa, camionetas, carrinhas a regressar. Siam, como sempre pragmático, diz-me: "A única solução é uma guerra". "De quem contra quem?" pergunto. "Logo se vê", responde. "E quem a vai ganhar?" "Não interessa, logo se vê. Agora isto assim é insuportável".

A Linha Verde marca a entrada nos territórios conquistados à Jordânia e ao Egipto na guerra de junho de 1967, também conhecida pela guerra dos seis dias. Neste caso o território a ocidente da margem do rio Jordão, também conhecido por Cisjordânia. Era, e é, habitado na sua grande maioria por árabes muçulmanos, embora também por uma minoria de cristãos árabes. E depois, neles encravados, os chamados colonatos judeus, se colónias não tivesse obrigatoriamente, para nós ocidentais do séc. XX, um sentido pejorativo, quase criminoso. Para alguns é território ocupado, para outros território liberto, para outros ainda território disputado. Por isso, a televisão israelita decidiu falar deles simplesmente como "os territórios".

À direita vejo a entrada de um campo de refugiados, atrás de uns edifícios que começaram a construir e, pelos vistos, não são para acabar. Um pouco mais à frente algumas paredes destruídas, outras picadas por balas. Siam diz-me que agora vou ter de mudar de carro. Não estava no programa, mas é o que faço sem hesitações. Entro num tão pequeno e tão velho que julgo ser um Simca, embora não me lembre precisamente que marca de carro era aquela. Dentro do Simca, um senhor muito magro pergunta-me se prefiro falar francês ou inglês. Digo-lhe que me é indiferente. Ele fala francês perfeitamente e traz um pequeno crucifixo ao peito. Fala muito rápido, olha para todos os lados, talvez não tenha medo agora, mas certamente já teve muito medo. Eu, que sempre fui um medroso, não sinto nada. Umas casas abandonadas, outras só vigas expostas, as lojas fechadas, nem um café aberto continuam a formar o cenário pelas ruas. O tablier do Simca está desconjuntado, mal colado com cola, o barulho do motor lembra-me a minha adolescência e eu estou contente de estar aqui deste lado, o lado dos maus, o lado dos bons, um dos lados deste problema, ou conflito, ou guerra, ou o que quer que isto seja.

Pierre, é assim que se chama o senhor muito magro de olhos verdes, diz-me que chegámos. Subimos umas escadas íngremes, estamos numa praça e do meu lado esquerdo vejo uma parede com visíveis sinais de ter sido várias vezes construída e reconstruída: uma porta de colunas clássicas, uma porta ogival e, agora, por baixo de tudo, um só buraco aberto na parede que é a única entrada. Pierre diz-me que assim fizeram, séculos atrás, para impedir o caminho a animais e protegerem a igreja quando aquele local, que é agora um deserto, era uma praça cheia de vida com camelos e outros bichos. Curvo-me e entro. Estou dentro da Igreja da Natividade, em Belém, Bethleem, a Casa do Pão.

Noutras condições poder-se-ia facilmente ir a pé de Jerusalém a Belém, cidade do rei David, onde, segundo a tradição cristã, nasceu Jesus, o que em muito reforça a sua ascendência real. Uma cidade que ainda há dez anos era maioritariamente cristã e agora é maioritariamente árabe, porque os cristãos mais ricos, os que podiam, dela fugiram. Pierre fala muito rapidamente e continua com os mesmos olhos muito vivos que olham para todo o lado.

A igreja, com belas colunas e uns frisos em mosaico do tempo dos cruzados, está vazia por completo. Diz-me que os cristãos, tanto católicos como protestantes, celebram o dia de natal no dia 25 de dezembro; os gregos, coptas, sírios e etíopes ortodoxos no dia 7 de janeiro; e os arménios ortodoxos no dia 19 do mesmo mês de janeiro. Há por aqui não só problemas de espaço mas problemas de tempo, digo para comigo. A meio da nave central, debaixo de uns tapumes, um resto de chão bizantino. Apetece-me tudo menos fazer de turista, mas lá vou. Ao fundo, está sentado um padre ortodoxo idoso que não sei que língua falará e se põe de pé e me benze o crucifixo que levo para a minha mãe. Descemos então para uma gruta. Aqui exactamente, e Pierre aponta no chão uma estrela de muitas pontas, nasceu o menino Jesus. É uma gruta diminuta. Estou dentro do verdadeiro presépio e não me comovo minimamente. Apesar de não haver qualquer outro turista e de ter o privilégio único de estar ali sozinho, mais do que nunca sinto-me um turista a passar por ali, sem conseguir alcançar qualquer estado religioso. Depois subimos para um corredor de um pátio onde, debaixo de umas grades, São Jerónimo, do IV para o V século, terá revisto sem luz natural, a Bíblia Latina, compondo a famosa versão conhecida como Vulgata, durante séculos a única autorizada pelo Papa. Nada disso me comove ou impressiona. Devo estar farto de mitologias, zangado com a violência que por aqui reina. Pergunto a Pierre se a igreja foi de algum modo danificada por obuses israelitas, como tinha ouvido dizer em Lisboa, e ele assegura-me que não, só uns tiros nos vidros da igreja católica, e aponta com o dedo para o que eu não vejo. Porquê? Porque já houve dias em que palestinianos metralharam durante horas Gilo, uma cidade do outro lado da Linha Verde, uma colina defronte. Continuamos e terminamos aquela visita a uma velocidade bem superior à de cruzeiro. Pierre pergunta-me se gostei e eu agradeço muito.

Ao descer as escadas vejo um bando de crianças a sair de uma escola. São lindas as crianças. Enquanto houver crianças o mundo está salvo, repito mais uma vez só para mim. Quero tocar nos cabelos de uma delas, mas a cabeça escapa-se debaixo do movimento dos meus dedos. Voltamos a entrar no Simca. Pierre diz-me que é guia profissional e que não recebe turistas desde o dia 13 de outubro de 2000, vai fazer 17 meses e tem um filho de onze anos (a mulher fugiu e trabalha como criada em Los Angeles). Que os mais ricos deixaram a cidade. Que se passa muito mal por aqui. Que não sabe o que vai acontecer, mas que não é possível continuar por muito tempo. Que sim senhor, é um dos cristãos que ficaram por não ter outro lado para onde ir.

Siam espera-me de pé encostado ao seu táxi. Pede-me desculpa de não me ter avisado do transbordo, mas que tinha de ser assim. Se deixasse o táxi ele desaparecia, ou pelo menos grande parte dele. Pergunta-me se quero ver um campo de refugiados e aponta para a esquerda com a cara. Mas claro que não podemos lá entrar, que reconhecem as pessoas pela maneira como elas andam e que ele, apesar de árabe, é israelita e que já mataram alguns como ele. Para fazer de turista prefiro voltar para trás, para a fila de veículos que esperam para atravessar a Linha Verde. Os palestinianos estão presos nos territórios. Nenhum tem direito a um passaporte. Não podem passar nem para Israel nem para a Jordânia, que lhes fechou as fronteiras com receio de imigrações em massa. A situação é insuportável, repete-me outra vez Siam. Eu não posso mudar a minha pele, sou palestiniano, diz, e acrescenta, mas muito diferente dos que estão deste lado porque nasci do outro. Os que estão deste lado estão presos, as maiores prisões do mundo. Não podem sequer visitar Jerusalém. Só com autorizações especiais. Têm bilhetes de identidade de outra cor. Porquê? Se os israelitas abrissem a Linha Verde haveria logo no primeiro dia centenas de ataques suicidas, assegura-me, e eu acredito. É insuportável, já lhe disse. Isto só com uma guerra, conclui.

Desta vez demoramos a passar. Os carros à nossa frente são revistados minuciosamente. Tiro o meu passaporte do bolso e aperto-o na mão. Eu sou português, que tenho eu a ver com isto? Siam diz-me que ontem esperaram na televisão para uma entrevista um deputado israelita árabe que não conseguiu chegar a tempo porque ficou duas horas a tentar passar um check point.

Fumamos dois cigarros. O carro avança um pouco e depois pára. Uma mulher altiva de lenço na cabeça passa a pé ao meu lado. Desde que começou a Intifada muitos dos árabes que trabalhavam do outro lado deixaram de poder lá ir, ficaram sem trabalho. A fome cresce. Do outro lado, os hotéis fecham, a Cidade Velha está vazia. Dos dois lados cada um é mais orgulhoso do que o outro. Ninguém quer pedir perdão a ninguém. Como nas brigas de família. Não é possível uma solução política. Mas há uma solução humana. Deviam ser as mulheres, que têm pais, maridos e filhos, a resolver este assunto, penso eu em silêncio. Os homens sempre foram uns incapazes em tudo.

Um soldado olha para o meu passaporte e depois para mim. Não tem mais de dezoito anos. Não revistam o carro. Volto para o meu hotel. No jornal, leio que o Hamass disparou ontem o primeiro míssil, mas sem pontaria alguma. As Forças de Defesa israelita destruíram mais instalações da Autoridade Palestiniana em retaliação pela morte de duas mulheres soldados em ataques suicidas. No quarto do hotel, ando de um lado para o outro, qual animal enjaulado, sem conseguir fazer o que quer que seja. Resolvo telefonar para Lisboa e dizem-me que estão fechados por causa do Carnaval, se eu não sabia.

Dez Poemas de Moshe Benarroch

Mãe

Onde vamos mãe?
Vamos para a nossa pátria,
Para o nosso país.
E onde está o nosso país?
Não posso dizer-te o seu nome.
É proibido.
E fica muito longe esse país?
Fica do outro lado do mar, filho.
A viagem é longa?
Dois mil anos de distância
Três semanas de autocarro
Cinco horas de avião.
E como são as crianças desse país?
Todas judias, como tu.
E eu como sou?

A guerra civil

O meu pai viu-se obrigado a abandonar os seus
    estudos de direito
enquanto matavam García Lorca
esses são os mais importantes acontecimentos da
    guerra civil
e também morreram um milhão de pessoas e os
    maus ganharam
mas depois Franco pôde dizer durante cinco anos a
    Hitler
que não podia meter o seu povo numa guerra
    depois da guerra civil
e assim não morreram mais três milhões,
portanto que ninguém me diga que a história tem
    lógica
e o meu pai contava-me como andava de noite pelo
    meio da rua
para que ninguém o assaltasse com uma navalha
    numa esquina
e quando lhe perguntavam no bar enquanto comia
    umas tapas

se era franquista ou republicano respondia que era
    judeu
e que os judeus não se metem em política
e quando lhe perguntavam a favor de quem estava
    fazia de idiota
e como se supunha que todos os judeus eram
    idiotas e tinham cauda
pôde sair da guerra civil sem se meter em sarilhos.
Por vezes os preconceitos das gentes podem ser
    uma benção.

Maria

Encontrei a Maria em Paris
ela vinha da Venezuela
e perguntou-me algo sobre o antisemitismo
expliquei-lhe o que era ser judeu na Europa
ou ser judeu numa escola francesa
sob Vichy
e ela olhava-me como se falasse chinês.
Depois veio a Jerusalém
e frente ao muro das lamentações
contei-lhe a história dos judeus
desde Abraão até aos gregos, aos romanos,
aos árabes
e ela continuou a olhar-me
como a um extraterrestre.

Ela não discutia nem procurava compreender
o antisemitismo
simplesmente tudo lhe parecia uma loucura
vinha de um país onde não existe tal palavra.

Desejo conhecer mais pessoas como ela
olhando-te como se fosses louco
quando tentas explicar o ódio.

Contamos os nossos mortos

Quando vamos dormir
contamos os nossos mortos
Quando acordamos
contamos os nossos mortos
Quando acabamos o século
contamos os nossos mortos
Quando matamos
contamos os nossos mortos
Quando vivemos
contamos os nossos mortos
Quando comemos
contamos os nossos mortos
Quando rezamos
contamos os nossos mortos
Quando celebramos a vida
contamos os nossos mortos
Quando escrevemos um poema
contamos os nossos mortos

O mundo

O mundo está a ficar
mais e mais
como
uma discussão de morte entre família
sobre a herança de umas poucas casas
enquanto lá fora
há
um terramoto

Japoneses

Não entendo os Japoneses
com as suas máquinas de fotografar, com os seus
infinitos sorrisos, hoje,
um dia em que neva em Jerusalém, eu não
compreendo os Japoneses eu não
compreendo também porque é que este tema japonês
veio ao meu espírito
no meio deste dia de neve
ouvindo um cantor irlandês
que grava para uma companhia japonesa,
é assim, ninguém
compreende os Japoneses mas toda a gente
quer o dinheiro deles, e já que estamos neste
assunto, eu não compreendo os Sudaneses
os Palestinianos os Alemães os Dinamarqueses
os Franceses os Ingleses os Holandeses
os Sauditas, os Egípcios os Canadenses
e mais que todos juntos
eu não compreendo
os Judeus.

A gente desta cidade

A gente desta cidade
São flores por detrás de grades

não sabem
que por detrás das costas
não há muros

a gente desta cidade
Judeus, Muçulmanos e Cristãos
transporta o fardo da história sobre os ombros

a gente desta cidade
não ouviu a notícia
da morte do Faraó

a gente desta cidade está convencida
que vida é morte

a gente desta cidade está condenada
à pena capital:
                        Tu viverás.

O terrorista do Hamass

Dentro de alguns momentos ele far-se-á explodir
é novo, não tem filhos
não tem mulher, dentro de um momento
nada restará de si.
Ninguém saberá quem ele foi
deixou há anos a sua casa
e desapareceu
para sempre.
Estou sentado muito perto
bebendo um expresso
e fumando uma cigarrilha
o meu amigo pede-me que o acompanhe
ao lugar da bomba
digo-lhe que estou cansado
o que não é verdade
e que esperarei por ele.
Ele não sabe e eu não sei
que dentro de minutos
a esperança de paz explodirá
o terrorista explodirá
e que a perna de Meital explodirá

e que o seu irmão Asaf irá para o céu.
O marido de Meital, um médico
ouvirá a bomba e virá a correr ajudar os feridos
sem saber que estão lá a mulher dele e o irmão dele.
Saboreio o expresso
faz sol em Tel Aviv
e depois desta bomba
nada será o mesmo durante meses
as pessoas terão medo de voltar aqui
a rua Dizengof estará deserta.
Ninguém o poderá deter agora
é demasiado tarde
morrerá por Allah
e por ser jovem, virgem
e indoutrinado.
Mesmo que eu lá vá não poderei impedi-lo.
a meu amigo desaparece.

Os poetas

Já não nos censuram
já não nos matam
já não nos põem detrás das grades

não é preciso

nós censuramo-nos a nós próprios
trazemos a censura
dentro do nosso cérebro

Não estamos mortos
mas vivemos em caves
e ninguém vê a luz
do sol

não querem saber
sabem muito bem que
ninguém nos lê
que a poesia morreu
embora vivos os poetas.

Cavalos

E
virão correndo
cavalgando, cavalgando
cavalos azuis negros e cinzentos
cavalos esquecidos
cavalos de todos os séculos
virão
a arrasar o que virem
tudo
homens mulheres e crianças
e burros e raposas e cães e gatos
Virão e virão
mais e mais cavalos
e ninguém os poderá deter
nem bombas atómicas
nem gases nem química nem vírus
serão os cavalos mais fortes que existirão
cavalos que recordam todas
as injustiças cometidas e por cometer
e o homem perguntará
porquê no meu tempo

porquê em minha casa
porquê a minha família e os meus filhos
e ninguém saberá responder
os cavalos azuis, os cavalos celestes
esses serão os piores
destruirão imóveis de 200 andares
destruirão tanques e aviões
soprando sobre eles
e o presidente procurará acalmar
e os especialistas analisarão
e os televisores falarão
mas nada ajudará
virão mais e mais cavalos
de lado nenhum
cavalos que surgem de repente
defronte a pessoas caminhando pelas ruas
e tu, na cama, olharás para mim
desesperada, esperando o meu resgate
olhar-te-ei e logo me
transformarei num
cavalo vermelho.

Sobre o autor

Moshe Benarroch nasceu em 1959 em Tetuan, entre Tânger e Gibraltar. Cresceu numa mistura de culturas e línguas, o Castelhano sendo a sua língua-mãe, frequentando uma escola francesa, ouvindo Árabe nas ruas e rezando em Hebraico. Em 1972, com treze anos, emigrou para Israel e vive desde então em Jerusalém. Publicou cinco livros de poesia e prosa em Hebraico, um em Castelhano e três em Inglês. A sua poesia tem vindo a ser publicada em revistas de todo o mundo.

E-mail: moben@barak-online.net

Este livro foi diagramado por **Rejane Megale Figueiredo**, utilizando a fonte Garamond, e impresso pela **Gráfica Forense** em papel Offset 90g, no primeiro trimestre de 2004.